FREUD UND DER TODESTRIEB

Herausgeber
Sigmund Freud Museum Wien
Arbeitskreis Kulturanalyse Wien
aka | texte #6

ALENKA ZUPANČIČ

Freud und der Todestrieb

Aus dem Englischen von Sergej Seitz
und Anna Wieder

VERLAG TURIA + KANT
WIEN–BERLIN

Bibliografische Information der
Deutschen Nationalbibliothek

Die Deutsche Bibliothek verzeichnet diese Publikation in der Deutschen Nationalbibliografie; detaillierte bibliografische Daten sind im Internet über http://dnb.ddb.de abrufbar.

Bibliographic Information published by
Die Deutsche Nationalbibliothek

The Deutsche Bibliothek lists this publication in the Deutsche Nationalbibliografie; detailed bibliographic data is available in the internet at http://dnb.ddb.de.

ISBN 978-3-85132-892-9

VERLAG TURIA + KANT
A-1010 Wien, Schottengasse 3A/5/DG1
Büro Berlin: D-10827 Berlin, Crellestraße 14
info@turia.at | www.turia.at

INHALT

EINLEITUNG

ANNA BABKA/DANIELA FINZI

Der hier publizierte Text beruht auf einem Vortrag, den Alenka Zupančič im April 2017 auf gemeinsame Einladung des *Sigmund Freud Museums* und von *aka* | *Arbeitskreis Kulturanalyse* in den Räumlichkeiten der Berggasse 19 gehalten hat. Dass just zu diesem Zeitpunkt in Freuds ehemaligen Wohnräumen zum ersten Mal die – im österreichischen Deutsch auch als ›Psyche‹ bezeichnete – Frisierkommode präsentiert wurde, erwies sich als glückliche Koinzidenz: Dieses denkwürdige Originalmöbel, das zunächst Anna Freud gehört hatte und in London auch im Zimmer von Freuds Schwägerin Minna Bernays aufgestellt war, bevor es in den Besitz der Haushälterin Paula Fichtl überging, hatte erst kurze Zeit vor Zupančičs Vortrag seinen Weg zurück in die Berggasse gefunden.

Mit großer Wahrscheinlichkeit kann angenommen werden, dass es sich dabei um jenen ›Standspiegel‹ handelt, den Freud in seiner metapsychologischen Schrift *Jenseits des Lustprinzips* von 1920 im Zusammenhang mit dem sogenannten Fort-Da-Spiel seines Enkelsohns Ernstl erwähnt. Während Ernstls Spiel mit der Holzspule gemeinhin als Symbolisierung des Weggehens und Wiederkommens der Mutter gedeutet wird, gibt Freuds Fußnote Anlass zu einer Lesart, die die Lust am eigenen Verschwinden und an der eigenen Rückkehr hervorkehrt:*

---

* Vgl. dazu auch Slavoj Žižek in einem 2002 anlässlich der Jahrestagung der Deutschen Psychoanalytischen Gesellschaft in Berlin gehaltenen Vortrag: »Was ist, wenn die Holzspule nicht für die Mutter steht, sondern für das, was Lacan ›objet petit a‹ nennt, letztlich das Objekt in mir, das, was die Mutter in mir sieht, was mich zum Gegenstand *ihres* Begehrens macht?« Vgl. die gekürzte Fassung unter: https://www.freitag.de/autoren/der-freitag/jenseits-des-fort-da-prinzips (Zugriff am 2.4.2018).

> Als eines Tages die Mutter über viele Stunden abwesend gewesen war, wurde sie beim Wiederkommen mit der Mitteilung begrüßt: Bebi o–o–o–o!, die zunächst unverständlich blieb. Es ergab sich aber bald, daß das Kind während dieses langen Alleinseins ein Mittel gefunden hatte, sich selbst verschwinden zu lassen. Es hatte sein Bild in dem fast bis zum Boden reichenden Standspiegel entdeckt und sich dann niedergekauert, so daß das Spiegelbild ›fort‹ war.*

Ohne dass Zupančič auf das Fort-Da-Spiel explizit eingeht, ist es in ihrer Neulektüre der Freud'schen Schrift, die sie mit dem hier publizierten Text vorlegt, als Strukturprinzip der Wiederholung präsent. Ihren Hauptfokus legt Zupančič jedoch auf den Begriff des Todestriebes, den Freud in *Jenseits des Lustprinzips* einführt und der bereits zu seinen Lebzeiten zu

---

* Freud, Sigmund (1920): *Jenseits des Lustprinzips*. Gesammelte Werke Bd. 13. London: Imago 1998, 13, Fn.1.

seinen umstrittensten Konzepten zählte. Im Hinblick auf die mehrstufige Entwicklung seiner Trieblehre, die Freud bekanntlich als das Schibboleth der Psychoanalyse bezeichnete, ist der Todestrieb der dritten Phase zuzuschlagen. Während Freud in einer ersten Phase in den Jahren ab 1905 den Sexualtrieben die Selbsterhaltungstriebe gegenüberstellt, entwickelt er in seiner 1914 veröffentlichten Schrift *Zur Einführung des Narzißmus* erstmals die Idee, dass die sexuelle Libido sich teilen und zum Ich wie auch zum Objekt übergehen kann. Diese Einsicht stellte einen zentralen Baustein für die 1920 vorgenommene Ausarbeitung der Triebtheorie – und eine radikale Erneuerung des eigenen Denkens – dar: die Postulierung eines fundamentalen Gegensatzes zwischen Lebenstrieben (Eros) und Todestrieben. Während erstere nach Einheit und Zusammenhalt streben, fasst der neue Begriff des Todestriebes die psychische Tendenz zur Abwendung von der Außenwelt und ihrer Auflösung sowie den Drang nach einem leblosen, von jeglicher Spannung befreiten anorganischen Zustand. Streben die Todestriebe zunächst nach Selbstdestruktion, so äußern sie sich, wenn sie sekundär nach außen gerichtet werden, in Form des Aggressionstriebes. Beide Triebkategorien – die Lebens- und die Todestriebe – lassen sich immer nur verbunden und gemischt finden, niemals in reiner Form; lediglich dank der Legierung mit dem Eros sei, so Freud in *Das Unbehagen in der Kultur,* der stille Todestrieb überhaupt wahrnehmbar. Von vielen seiner SchülerInnen auch als spekulativ, poetisch oder metaphysisch abgelehnt, wurde der Begriff des Todestriebes von der Lacan'schen Schule ernst genommen: Hier, im Bereich der Lacan'schen Psychoanalyse und ihrer philosophischen Ausprägungen, spielt er eine bedeutende und anhaltende Rolle und erfährt weiterhin neue, mitunter kontroverse Lesarten und Wendungen.

In ihrer zugleich kritischen und produktiven Lektüre von Freuds Text diskutiert Alenka Zupančič nun verschiedene Facetten dieses Begriffs und signifikante Verschiebungen in Freuds eigener Position. Ihr Close Reading beginnt dort, wo Freud die Hypothese eines Todestriebes erstmals einführt und gleich einige erstaunliche und spekulative Überlegungen anstellt. Bereits diese wenigen Seiten in *Jenseits des Lustprinzips* liefern Zupančič Stoff für eine genaue Betrachtung, auch weil der Einsatz dieses Begriffs nachhaltige Veränderungen dessen nach sich ziehen wird, was gemeinhin unter dem Leben bzw. dem Vitalismus verstanden wird, entziehen Freuds Überlegungen doch dem Begriff des Lebens jedwede ontologische Basis oder Konsistenz. Zupančičs schöpferische Lektüre folgt den Verschiebungen und Widersprüchen in Freuds Aufsatz, um in der Folge re-konstruierend und zugleich resignifizierend eine neue Vorstellung vom Todestrieb zu etablieren, die sie in Freuds Text an verschiedenen Stellen und insbesondere in den Positionsverschiebungen bereits impliziert oder angelegt sieht.

FREUD UND DER TODESTRIEB

ALENKA ZUPANČIČ

Nachdem Freud 1920 den Begriff des Todestriebes* eingeführt hatte (der ursprünglich als »death instinct« ins Englische übersetzt wurde), wurde er in einer ersten Rezeptionsphase als eine Art »instinkthafte« Grundlage der menschlichen Destruktionsneigungen, als eine metapsychologische Erklärung der Aggressivität (gegenüber sich selbst und anderen) sowie als eine gewisse Todessehnsucht verstanden. Der psychoanalytische Mainstream hat diesen Freud'schen Begriff zumeist (und oftmals mit äußerst harschen Worten) zurückgewiesen. Jacques Lacan jedoch betrachtete den Todestrieb als die »Vollendung der [Freud'schen] Lehre« (Lacan 1966/1999a, 374). Seine Deutung hat wenig mit jenem Todeswunsch zu tun, mit dem der

Todestrieb im allgemeinen Imaginären assoziiert wurde.

Bei heutigen lacanianischen Denker/innen spielt der Begriff des Todestriebes meist eine sehr wichtige Rolle und tritt an entscheidenden Stellen diverser konzeptueller Argumente auf. Was »wir« (ich zähle mich selbst zu jenen Lacanianer/innen, die häufig mit diesem Begriff arbeiten) damit meinen, weicht jedoch stark von Freuds ursprünglicher Bestimmung in *Jenseits des Lustprinzips* ab. Um dafür ein Beispiel zu geben, sei zunächst eine Stelle zitiert, an der Freud über die möglichen Ursprünge dessen spekuliert, was er später den Todestrieb nennen wird:

> Irgend einmal wurden in unbelebter Materie durch eine noch ganz unvorstellbare Krafteinwirkung die Eigenschaften des Lebenden erweckt. [...] Die damals entstandene Spannung in dem vorhin unbelebten Stoff trachtete danach, sich abzugleichen; es war der erste

> Trieb gegeben, der, zum Leblosen zurückzukehren. (Freud 1920, 40)

Diesen »Instinkt« oder Trieb, den vermeintlich ursprünglichen, homöostatischen und spannungslosen Zustand wiederzuerlangen, wird Freud den Todestrieb nennen. Dagegen schreibt Žižek über den Todestrieb:

> Der Todestrieb bedeutet ja gerade, daß die radikalste Tendenz eines lebenden Organismus darin besteht, einen Spannungszustand aufrechtzuerhalten und die finale »Entspannung« zu vermeiden, die durch das Erreichen eines Zustands der völligen Homöostase eintreten würde. Der »Todestrieb« als »jenseits des Lustprinzips« situierter ist genau dieses Insistieren eines Organismus auf der endlosen Wiederholung des Spannungszustands. (Žižek 2004, 42)

Im Folgenden möchte ich zeigen, dass es sich bei dieser Lesart nicht einfach (bestenfalls) um ein »Missverständnis« oder (schlimmstenfalls) um eine »absichtliche Verfälschung« handelt. Vielmehr gibt es eine psychoanalytische (freudianische) *Logik*, die von der einen zur anderen Deutung führt. Ich möchte diese Logik anhand eines Close Reading einiger Passagen aus *Jenseits des Lustprinzips* – einem der faszinierendsten und komplexesten Texte Freuds – nachzeichnen. *Jenseits des Lustprinzips* ist alles andere als ein »linearer« Text, sondern vollzieht, wie sich zeigen lässt, mehrere bedeutende Verschiebungen in Freuds Position. Ich möchte, um dies zu zeigen, mitten im Text ansetzen, nämlich an jener Stelle, an der Freud im Zuge ziemlich gewagter spekulativer Reflexionen den Todestrieb einführt. Diese Seiten muss man sehr aufmerksam lesen, und zwar nicht nur, weil in ihnen der Begriff des Todestriebes zum ersten Mal eingeführt wird, sondern auch, weil Freud dort eine erstaunliche »Dekonstruktion« unseres gewohnten Verständnisses des Lebens (und des Vitalismus) vornimmt, indem er dem Begriff des Lebens jede ontologische Beständigkeit und Grundlage abspricht. Davon ausgehend möchte ich einige Verschiebungen und Widersprüche in Freuds Text herausarbeiten und nachverfolgen, um einen anderen Begriff des Todestriebes zu skizzieren, der im Text implizit angelegt ist, insbesondere an jenen Stellen, an denen Freud Positionsverschiebungen vornimmt oder auf gewisse Zweifel zurückkommt. Ich werde zeigen, dass der genuin psychoanalytische Begriff des Todestriebes in der Tat mit Phänomenen verbunden ist, die ihm nach Freud scheinbar entgegenstehen, insbesondere mit der Sexualität (den »Sexualtrieben«, die Freud als »Lebenstriebe« beschreibt). Wir werden dabei gerade am Grund der Sexualität den Schlüssel zu jener Logik des Übergangs von Freunds ursprünglichem Verständnis des Todestriebes zu einem lacanianischen Begriff des Todestriebes finden.

***

Begeben wir uns also *in medias res* und lesen wir jene lange und faszinierende Passage aus *Jenseits des Lustprinzips*, in der Freud den Begriff zum ersten Mal einführt:

> Wenn wir es als ausnahmslose Erfahrung annehmen dürfen, daß alles Lebende aus inneren Gründen stirbt, ins Anorganische zurückkehrt, so können wir nur sagen: Das Ziel alles Lebens ist der Tod, und zurückgreifend: Das Leblose war früher da als das Lebende.
>
> Irgend einmal wurden in unbelebter Materie durch eine noch ganz unvorstellbare Krafteinwirkung die Eigenschaften des Lebenden erweckt. […] Die damals entstandene Spannung in dem vorhin unbelebten Stoff trachtete danach, sich abzugleichen; es war der erste Trieb gegeben, der, zum Leblosen zurückzukehren. Die damals lebende Substanz hatte das Sterben noch leicht, es war wahrscheinlich nur ein kurzer Lebensweg zu durchlaufen, dessen Richtung durch die chemische Struktur des jungen Lebens bestimmt war. Eine lange Zeit hindurch mag so die lebende Substanz immer wieder neu

> geschaffen worden und leicht gestorben sein, bis sich maßgebende äußere Einflüsse so änderten, daß sie die noch überlebende Substanz zu immer größeren Ablenkungen vom ursprünglichen Lebensweg und zu immer komplizierteren Umwegen bis zur Erreichung des Todeszieles nötigten. Diese Umwege zum Tode, von den konservativen Trieben getreulich festgehalten, böten uns heute das Bild der Lebenserscheinungen. (Freud 1920, 40f.)

Was sagt Freud hier? Vom Ende her besehen (alles Lebende stirbt irgendwann, und zwar aus internen Gründen), erscheint der Tod als das fundamentalste Ziel des Lebens. Freud legt damit einen Primat des Todestriebes nahe (im Sinne eines Triebes, der dem Leben selbst inhärent ist), und bestimmt die konservativen Triebe (d.h. die Triebe, die das Leben bewahren) als Kräfte, die die Umwege dieses fundamentalen Triebes ausweiten. Die »Lebenstriebe« (oder Selbsterhaltungstriebe) wären folglich keine affirmativen (und unmittelbaren)

Lebenskräfte, sondern gegenüber dem primären Trieb des Lebens, d.h. dem Todestrieb, *sekundäre* Erscheinungen. Dies stellt wohl eine ziemlich erstaunliche Umkehrung unserer intuitiven Auffassung dar. Denn aus dieser Freud'schen Perspektive liegt nichts Ursprüngliches oder Unmittelbares in der Affirmation und Bewahrung des Lebens. Die Lebenstriebe arbeiten automatisch (sie laufen gleichsam auf Autopilot), aber sie haben keinerlei ontologischen Vorrang. Sie sind eine Art »Wissen« (ein Know-How), das für die *Erhaltung jenes Umweges*, jener Abweichung von der grundlegenden Negativität des Lebens notwendig ist, die Tod(estrieb) genannt wird. Der Todestrieb bezeichnet eine Art fundamentale oder *ontologische Lebensmüdigkeit*. Er ist der beständige Unterstrom des Lebens in all seinen bunten und üppigen Formen. Der Todestrieb ist nicht das Gegenteil dieser Formen; er ist vielmehr in ihnen allen präsent.

Auch wenn diese Spekulationen seltsam anmuten, sollte man sie nicht vorschnell abtun. Indem Freud die intuitive (aber zugleich problematische, gar phantasmatische) Voraussetzung in Frage stellt, dass es eine Art ursprüngliche Lebens*kraft* oder einen ursprünglichen Lebens*willen* gibt, legt er eine sehr interessante Hypothese nahe. Diese besagt im Grunde: Das Leben ist ein Zufall, und es gibt keinen (mysteriösen) *Lebenswillen*; was wir als »Lebenskräfte« wahrnehmen, sind eigentlich Triebe, die im Zuge der Reiterationsprozesse des Lebens – jenes Zufalls oder jener Zufälle namens Leben – entstehen. Diese Triebe »wissen«, wie die Bahnen dieser Reiteration zu bewahren (bzw. zu erhalten) sind, aber sie *wollen* nichts und haben keine Ziele.

Freuds Ausführungen unterscheiden sich hier also stark von jener Rhetorik des Kampfes zwischen den Lebenstrieben und den Todestrieben, auf die er an anderen Stellen zurückgreift. Demnach gäbe es zwei voneinander unabhängige Kräfte (den »Lebenswillen« und den »Todeswillen«), zwei Prinzipien, die einander bekämpfen. Aber wenn wir uns die zitierte Passage genauer ansehen, zeigt sich, dass das *keinen Sinn macht*. Es gibt hier keinen Kampf: Das Leben ist ein Umweg zum Tod, und die konservativen Triebe pflastern diesen Weg, sie sind ununterscheidbar eins damit. Sie »wollen« nichts, sie »kämpfen« nicht mit dem Tod; sie bereiten nur diesen oder jenen Umweg zum Unbelebten. Genauer gesagt: Sie erhalten nicht einfach das Leben, sondern sie *erhalten diesen Weg*. Freud betont dies ausdrücklich:

> Die theoretische Bedeutung der Selbsterhaltungs-, Macht- und Geltungstriebe schrumpft, in diesem Licht gesehen, ein; *es sind Partialtriebe, dazu bestimmt, den eigenen Todesweg des Organismus zu sichern* und andere Möglichkeiten der Rückkehr zum Anorganischen als die immanenten fernzuhalten [...]. (Freud 1920, 41)

Demzufolge *ändern* die Selbsterhaltungstriebe nicht einmal zeitweilig das fundamentale Ziel des Lebens (d.h. den Tod), sondern sie geben ihm nur eine gewisse *Zeitlichkeit* mit. Der Modus dieser Zeitlichkeit ist im Wesentlichen die *Wiederholung*. Die konservativen Triebe wiederholen angenommene und bestehende Wege des Lebens, sofern sie nicht (durch äußere Umstände) dazu gezwungen sind, sie abzuändern. In diesem Fall neigen sie dann dazu, diese veränderten Wege zu wiederholen – und dies kann uns zu der falschen Vorstellung führen, dass es sich um Triebe handelt, die auf Veränderung und Entwicklung sowie auf die Erzeugung neuer Formen drängen (vgl. Freud 1920, 39f.). Nichts *drängt* zu dieser Veränderung – es gibt dazu keinen Trieb.

Was *ist* also Leben, wenn wir diese Freud'schen Überlegungen akzeptieren, ihnen folgen und ihre Implikationen ausbuchstabieren? Das Leben hat keinen eigenen Grund oder Ursprung. Es ist etwas, das dem Unbelebten *geschieht*, es ist ein Zufall, der im Unbelebten auftritt (vielleicht aufgrund von dessen eigener Widersprüchlichkeit oder Inkonsistenz). Das Leben ist nicht einfach das Andere des Unbelebten. Es ist eine Unterbrechung, eine Störung des Unbelebten, eine in ihm aufklaffende Lücke; oder, anders gedacht: Das Leben gibt einer inhärenten Lücke des Unbelebten eine bestimmte, eigenständige Form, was dazu führt, dass das Unbelebte seine Selbstidentität verliert.

Im Anschluss an die großen Materialist/innen, und um das anthropozentrische Bild der Wirklichkeit zu diskreditieren, wird immer wieder gerne gesagt, dass das Unbelebte dem Leben gegenüber indifferent ist, dass es lange vor dem Leben existiert hat und noch lange existieren wird, wenn das Leben längst ausgelöscht sein wird. Im Lichte unserer bisherigen Überlegungen können wir aber sogar noch einen Schritt über diese Auffassung hinausgehen. Anstatt nur zu sagen, dass das (unbelebte) Universum sich nicht darum schert, ob wir leben oder sterben (und dass unsere Existenz aus der Perspektive des Universums absolut bedeutungslos ist), müssen wir eine Möglichkeit in Betracht ziehen, die uns sogar noch unbedeutender erscheinen lässt: die Möglichkeit, dass wir nur Perversionen und seltsame Gelüste *des Unbelebten selbst* sind. Und zwar nicht in dem Sinne, dass wir integrale, harmonische Bestandteile des großen Ganzen oder des Kreislaufs des Universums darstellen würden (was das »ozeanische Gefühl« aufkommen ließe, das Freud an anderer Stelle bespricht); wir wären im Gegenteil nur die Tics und Grimassen des Unbelebten.

Das Leben wäre somit nur ein Traum des Unbelebten. Genauer gesagt: Es wäre der *Albtraum* des Unbelebten, seine albtraumhafte Störung, denn das Unbelebte möchte letztlich nur in Ruhe gelassen werden. Demnach könnten wir sagen, dass der Todestrieb weniger einen Trieb, als vielmehr eine ontologische

Müdigkeit im Sinne eines grundlegenden *Affekts* des Lebens darstellt. Diese Müdigkeit wird nicht notwendigerweise als solche erfahren bzw. »gefühlt«; sie bildet vielmehr eine Art »objektiven Affekt« des Lebens.*

Stellt man sich den Todestrieb derart als eine Tendenz der Rückkehr zum Unbelebten vor, mit dem Ziel, die Spannung aufzuheben, die mit dem Leben anhebt, ergibt sich jedoch ein gravierendes Problem. Diese Bestimmung entspricht nämlich genau dem, was Freud als das *Lustprinzip* (den Primärvorgang) bestimmt und konzeptualisiert hat. Dies zeigt sich deutlich an einer Stelle am Anfang von Freuds Text, an der er knapp seinen Begriff des Lustprinzips in Erinnerung ruft:

---

* Ich bin auf diese Verbindung zwischen dem Freud'schen Todestrieb und der Müdigkeit gestoßen, als ich eingeladen wurde, im Rahmen des von Joan Copjec geleiteten *Penbroke Research Seminar* (Brown University, 2015–2016) zum Thema »Müdigkeit« zu sprechen.

> In der psychoanalytischen Theorie nehmen wir unbedenklich an, daß der Ablauf der seelischen Vorgänge automatisch durch das Lustprinzip reguliert wird, das heißt, wir glauben, daß er jedesmal durch eine unlustvolle Spannung angeregt wird und dann eine solche Richtung einschlägt, daß sein Endergebnis mit einer Herabsetzung dieser Spannung, also mit einer Vermeidung von Unlust oder Erzeugung von Lust zusammenfällt. [...] Wir haben uns entschlossen, Lust und Unlust mit der Quantität der im Seelenleben vorhandenen – und nicht irgendwie gebundenen – Erregung in Beziehung zu bringen, solcher Art, daß Unlust einer *Steigerung*, Lust einer *Verringerung* dieser Quantität entspricht. (Freud 1920, 3f., Hvhbg. AZ)

An dieser Stelle wird deutlich, dass das »Lustprinzip« sich für Freud nicht auf irgendeine Art hedonistischen Luststrebens bezieht und keine aktive Suche nach Belohnung und Befriedigung darstellt (Genießen), sondern im Grunde darin besteht, eine Auflösung der Spannung und der Erregung zu suchen, eine

»Verringerung der Spannung«, mit dem Ziel, einen homöostatischen Zustand zu erreichen. Wenn wir dies auf unsere vorigen Überlegungen zurückbeziehen, zeigt sich deutlich, dass das auf Homöostase abzielende »Lustprinzip« eigentlich ein *geistiges Äquivalent* dessen ist, was Freud später als die fundamentale Neigung allen Lebens bestimmt, zum Unbelebten zurückzukehren, um die Spannung, die durch die Entstehung des Lebens in die unbelebte Materie induziert wird, zu verringern.* Anders gesagt: In der Art und Weise, wie Freud zum ersten Mal den Todestrieb einführt, wird eigentlich die Konzeption des »Lustprinzips« wiederholt. In genau diesem Sinne – und so paradox es auch klingen mag – ist der Todestrieb in seiner ersten Ausformulierung bei Freud eigentlich nur ein anderer Name für das

---

* »Die damals entstandene Spannung in dem vorhin unbelebten Stoff trachtete danach, sich abzugleichen; es war der erste Trieb gegeben, der, zum Leblosen zurückzukehren.« (Freud 1920, 40)

»Lustprinzip«. So zieht Freud auch in seiner Beschreibung des »Realitätsprinzips«, das uns dazu zwingt, Ausnahmen vom Lustprinzip zu machen (so müssen wir etwa manchmal zur Lebenserhaltung Unlust oder einen Aufschub von Lust ertragen), genau dasselbe Bild eines Umwegs heran, das er auch verwendet, wenn er über das Verhältnis zwischen dem Lebenstrieb und dem Todestrieb spricht:

> Unter dem Einflusse der Selbsterhaltungstriebe des Ichs wird es [das Lustprinzip, AZ] vom Realitätsprinzip abgelöst, welches, ohne die Absicht endlicher Lustgewinnung aufzugeben, doch den Aufschub der Befriedigung, den Verzicht auf mancherlei Möglichkeiten einer solchen und die zeitweilige Duldung der Unlust auf dem langen Umwege zur Lust fordert und durchsetzt. (Freud 1920, 6)

Genau dieses Bild haben wir bereits zuvor besprochen: das Leben als eine Störung und als temporärer Aufschub einer Art metaphysischen Lust (Homöostase) des Unbelebten. Das Leben bzw. das Realitätsprinzip ist ein Aufschub des Todes und des damit einhergehenden Lustprinzips. Das Lustprinzip ist synonym mit dem Todestrieb, der – trotz der Umwege und temporären Aufschübe – das fundamentale Ziel oder Prinzip des Lebens bildet. Man könnte die beiden in allem Lebendigen vorhandenen Aspekte – das Lustprinzip und den Todestrieb (als Streben zurück zum Unbelebten) – *direkt und Punkt für Punkt aufeinander abbilden*. Genauso, wie die Selbsterhaltungstriebe nicht das Gegenteil des Todestriebes darstellen, sondern vielmehr nur dessen inhärente Umwege sind, ist auch das Realitätsprinzip dem Lustprinzip nicht entgegengesetzt, sondern fungiert als dessen umwegige Verlängerung. Insofern Freud das Lustprinzip als primäres und grundlegendes Prinzip des *Psychischen* auffasst, ließe sich sagen, dass der Todestrieb von Freud zunächst im Sinne einer

Ausweitung des Lustprinzips auf das Leben als Ganzes entworfen wird.

Warum ist das nun ein Problem? Nun, da Freud *Jenseits des Lustprinzips* in erster Linie deswegen geschrieben hat, weil er immer wieder auf Phänomene gestoßen war, die seiner Hypothese zuwiderliefen, der zufolge das Lustprinzip das primäre und grundlegende psychische Prinzip darstellt. So beobachtete er etwa oftmals Formen eines Zwanges, besonders traumatische Vorfälle zu wiederholen. Solche Phänomene schienen ihm »die Annahme des Wiederholungszwanges [zu] rechtfertig[en]«, den er als »ursprünglicher, elementarer, triebhafter als das von ihm zur Seite geschobene Lustprinzip« ansah (Freud 1920, 22). Wenn wir nun aber den Todestrieb als ein primäres Streben zur Verringerung jener Spannung verstehen, die durch den Zufall namens Leben entstanden ist, scheinen wir einem *Jenseits* des Lustprinzips keineswegs näherzukommen...

Der Zwang, sogar äußerst unangenehme Erfahrungen zu wiederholen, entspricht daher viel eher dem, was Žižek als »Insistieren eines Organismus auf der endlosen Wiederholung des Spannungszustands« beschreibt. Damit stehen wir, wie es scheint, vor der folgenden Entscheidung: Entweder müssen wir den Begriff des Todestriebes als nutzlos für unser Verständnis eines »Jenseits des Lustprinzips« verabschieden, oder wir müssen ihn anders denken und konzipieren. Ich bin davon überzeugt, dass es uns letzteres eher erlaubt, Freud und seinem Erbe treu zu bleiben, vor allem angesichts der Verschiebungen, die in Freuds eigenem Text auftreten, und die uns zu weiteren Verschiebungen drängen.

Wenden wir uns also dem nächsten Schritt in Freuds Text zu, nämlich der Verschiebung seiner Ausgangshypothese zum Todestrieb. Nachdem Freud die Hypothese erwogen hat, dass der Todestrieb den einzigen Trieb darstellt, führt er die »eigentlichen Lebenstriebe«

(Freud 1920, 43) ein, die er als sexuell bestimmt. Die »Sexualtriebe« sind nun (im Unterschied zu den Selbsterhaltungstrieben) die einzigen Triebe, die aus dem Kreislauf von Leben und Tod ausbrechen, der vom Lustprinzip und seinem grundlegenden Ziel (der Rückkehr zum Unbelebten) bestimmt wird. Sie erwachsen aus (einem gewissen Maß an) Erregung und Spannung. Darüber hinaus sind sie, biologisch gesprochen, mit der »endlosen« Fortdauer des Lebens verbunden und werden von seiner »Spannung« aufrechterhalten. Außerdem streben die Sexualtriebe – sowohl in Bezug auf die Reproduktion (Vereinigung zweier verschiedener Zellen) und die Liebe (in all ihren Formen) als auch in Bezug auf die großen Sublimierungen (etwa die Kunst) – nach einer gewissen *Alterität*, nach einer Differenz, nach dem Anderen (oder zumindest nach einer Spur des Anderen). Die Lust (im Freud'schen Sinne) dagegen braucht kein Anderes; das Andere (als Anderes) stört eher die Lust. Die Sexualtriebe wenden sich nicht so sehr *gegen* das Lustprinzip, sondern sie scheinen es vielmehr zu suspendieren, es schlechthin *als ein Prinzip außer Kraft zu setzen.* Sie bilden gewissermaßen eine Anti-Müdigkeit und verfügen, wie es scheint, über eine eigene Triebkraft und Logik. Es ist sehr wichtig, zu bedenken, dass es sich dabei nicht einfach um eine Triebkraft des *Lebens* handelt, sondern vielmehr um die Triebkraft von etwas Singulärem, das *im* Leben vonstattengeht. Es ist daher ein Missverständnis, die »Sexualtriebe« einfach mit den »Lebenstrieben« gleichzusetzen, da sich die Sexualtriebe eher auf etwas im Leben beziehen, das mehr (oder weniger) als (bloßes) Leben ist. Dies hat weitreichende Konsequenzen, und wir werden darauf noch zurückkommen.

In diesem Teil des Texts (nachdem er die Hypothese untersucht hat, dass der einzige Trieb des Lebens der Todestrieb ist) entwickelt Freud die von ihm so genannte *dualistische* Auffassung, die von einer klaren Gegenüberstellung von *Lebens- oder Sexualtrieben** und *Todestrieben** ausgeht (eine Gegenüberstellung, die man knapp auch als Differenz von Eros und Thanatos bezeichnen kann). Die *Todestriebe** entsprechen dem, was wir zuvor besprochen haben (der Müdigkeit als dem grundlegenden und objektiven Affekt des Lebens), während die Sexualtriebe mit dieser Bestimmung und dieser Logik *brechen* und in eine andere Richtung wirken. Sie sind nicht nur Aufschiebungen des Todes, Umwege des Lebens auf dem Weg zum Tod: Sie sind Umwege, die einen wirklichen Unterschied machen/einführen und etwas »Neues« hervorbringen. Sie bringen sogar eine »potentielle Unsterblichkeit« (Freud 1920, 42) hervor (eine Unsterblichkeit der Gattung, auf Kosten des Todes der einzelnen Organismen).

Diese dualistische Auffassung erweist sich jedoch ebenfalls als unhaltbar. Sie wird, kurz gesagt, dadurch unterminiert oder verkompliziert, dass die Sexualität nicht unter die

»Lebenstriebe« fällt. Würde die Sexualität einem »Lebenstrieb« entsprechen, dann gäbe es keine Psychoanalyse. Denn eine ihrer wesentlichen Einsichten besteht gerade darin, dass kein intrinsisches Grundprinzip (oder Gesetz) existiert, das der menschlichen Sexualität eine Richtung gibt. Darüber hinaus ist ein Trieb eigentlich nicht etwas (in uns), das auf die Erhaltung des Lebens *abzielt*, oder etwas, das darauf *abzielt*, zum Unbelebten zurückzukehren. Der Trieb ist ein weitaus interessanteres und komplexeres Konzept und impliziert Momente des Bruchs, der Wiederholung, der Überschussbefriedigung und des beständigen Drucks. In einem knappen Verweis auf Jung scheint Freud sich an den folgenden Umstand zu erinnern: Der Dualismus der Triebe (»Lebenstriebe« und »Todestriebe«) ist eigentlich nur die Kehrseite der Auffassung von der Libido als einer »neutralen«, entsexualisierten und einheitlichen Substanz. Jung habe, so Freud, »kurz entschlossen, Libido für ›Triebkraft‹ überhaupt gebraucht« (Freud 1920, 57).* Gerade darum ging es in seinem Bruch mit Jung: diese Entsexualisierung der Libido im Sinne einer neutralen Ursubstanz, die nachträglich auf unterschiedliche Triebe verteilt wird, welche allesamt Teile dieses »großen Ganzen« namens Libido darstellen und grundsätzlich zwei (komplementäre) Prinzipien bilden. Freuds Grundgeste bestand im Gegensatz dazu darin, die Sexualität zu entsubstanzialisieren: Das Sexuelle ist nicht ein Prinzip, das erschöpfend zu beschreiben und abzugrenzen wäre, sondern markiert vielmehr gerade die

* Jung hat den Freud'schen Begriff der Libido übernommen und angeblich nur mit kleinen Modifikationen versehen. In Wahrheit hat er dem Begriff aber eine ganz neue Bedeutung gegeben. Bei Jung fungiert die Libido als psychischer Ausdruck einer »Lebensenergie«, deren Ursprung nicht rein sexuell ist. In dieser Perspektive ist die Libido eine allgemeine Bezeichnung für die psychische Energie, die nur teilweise sexuell ist. Freud hat sofort bemerkt, dass diese Jung'sche Sichtweise bedeuten würde, »auf allen Gewinn aus der bisherigen psychoanalytischen Beobachtung« zu verzichten (Freud 1905, 120).

Unmöglichkeit seiner eigenen Beschreibung und Abgrenzung. Es kann weder gänzlich von biologisch-organischen Bedürfnissen und Funktionen getrennt werden (da es ihnen entstammt und weiterhin innewohnt), noch lässt es sich darauf reduzieren. Das Sexuelle ist kein eigenständiges Prinzip und kein eigenständiger Bereich menschlichen Lebens, und genau deswegen kann es allen Bereichen des menschlichen Lebens innewohnen. Letztlich ist es nichts als der inhärente Widerspruch des »Lebens«, welches dadurch seinerseits alles Selbstverständliche verliert.

Sein Verweis auf Jung scheint Freud an all das zu erinnern und verleiht seinen Überlegungen weiteren Nachdruck. Nun kommen wir der Hypothese auf die Spur, dass es *nur Sexualtriebe* gibt (oder dass alle Triebe sexuell sind). Aus den psychoanalytischen Einsichten folgt laut Freud nichts, das auf nicht-libidinöse Triebe hindeuten würde, und die libidinösen Triebe sind sexuell. Freud neigt daher erneut zu einem »Monismus«, jedoch nicht zu einem Monismus Jung'scher Prägung (dies wäre der Monismus der Libido als Substanz), sondern vielmehr zu dem, was ich den Monismus (oder die Singularität) des Antagonismus, des Widerspruchs oder des Bruchs nennen würde. Freud verortet diesen Antagonismus und Bruch am Grund der Sexualtriebe, und nicht am Grund »seines« Todestriebes, der sich, wie wir gesehen haben, recht monolithisch ausnimmt. So kann beispielsweise das Liebesobjekt selbst zwischen Liebe und Hass changieren. Lacan bringt dies treffend auf den Punkt: »*Ich liebe Dich, weil aber, unerklärlich, ich in Dir etwas liebe, das mehr als Du – das Objekt klein a, muß ich Dich verstümmeln.*« (Lacan 1964, 282) Freud betont in diesem Zusammenhang erneut seine Überzeugung, dass die Wissenschaft uns hier nur zu lehren vermag, dass es keine anderen Triebe als die Sexualtriebe gibt. Genauer gesagt: Nur die Sexualtriebe drängen uns woandershin als zurück zu einem früheren (homöostatischen) Zustand. Konkreter gesprochen: Nur die Sexualtriebe *treiben* uns im eigentlichen Sinne an (im Unterschied zum »Magnetismus des Unbelebten«, der eher eine Modalität der *Müdigkeit* und nicht so sehr des Triebhaften darzustellen scheint).

Mit der erneuten Bekräftigung seiner zentralen These über die sexuelle »Natur« der Libido arbeitet Freud also zumindest im letzten Teil seines Textes mit der Hypothese, dass es nur Sexual*triebe* gibt. Unmerklich hat sich somit die Perspektive (erneut) dramatisch verschoben. Vom Monismus des Todestriebes (qua Lustprinzip) und über den Dualismus von Eros und Thanatos (d.h. von Sexualtrieben und Todestrieben) gelangen wir folglich zum Monismus der Sexualtriebe.

Inwiefern handelt es sich dabei nun um einen »Monismus« nicht der Substanz, sondern um einen Monismus des Bruchs oder des Hindernisses, der gerade die Selbstidentität der Substanz verunmöglicht? (Das ist im Übrigen eine für Freud sehr charakteristische Geste: Freud beginnt nie mit einer Einheit – oder einer Dualität –, sondern mit einem Problem oder einem Widerspruch.) Zunächst werden die Sexualtriebe nicht mehr einfach als *Lebens*triebe betrachtet, da sie gerade den Bruch zwischen Leben und Tod wiederholen bzw. reproduzieren. Mit den Sexualtrieben ist der Tod dem Leben *inhärent* und bestimmt seinen Fortbestand. (Und diese Negativität, dieses dem Leben inhärente »Weniger« wird zum eigentlichen Ort der *Psyche* – insofern diese mit dem Unbewussten zusammenfällt.)

Die Wiederholung des Todes *innerhalb* des sexuierten Lebens verortet Freud sowohl auf der Ebene der Zellen* als auch auf der Ebene

---

* Keimzellen können für Freud eigenständig existieren: »Unter günstige Bedingungen gebracht, beginnen sie sich zu entwickeln, das heißt, das Spiel, dem sie ihre Entstehung verdanken, zu wiederholen, und dies endet damit, daß wieder ein Anteil ihrer Substanz die Entwicklung bis zum Ende fortführt, während ein anderer als neuer Keim-

des Individuums im Kontext sexueller Reproduktion. Lacan erläutert dies folgendermaßen:

> Wir wissen, daß die den größten Teil aller Lebewesen beherrschende Trennung der Geschlechter den Fortbestand einer Art sichert. [...] Sagen wir, die Art besteht fort in Form ihrer Individuen. Darum ist nicht weniger wahr, daß das Überleben des Pferdes als Art einen Sinn hat – jedes Pferd ist vergänglich, und jedes Pferd stirbt. Sie sehen also, daß die Verbindung von Geschlecht und Tod, Tod des Individuums, eine grundsätzliche ist. (Lacan 1964, 157)

Lacan kommt oft auf dieses Einbezogensein des Todes im Kern der Sexuierung zu sprechen und bekräftigt es an vielen Stellen, wobei er manchmal dezidiert vom »Tod« spricht und manchmal formaler von einer »Reduktion«

---

rest von neuem auf den Anfang der Entwicklung zurückgreift.« (Freud 1920, 42) oder einem »Verlust«, die mit der sexuellen Reproduktion einhergehen.

Mit der sexuellen Reproduktion wird der Tod zu einem Bestandteil des Lebens; er ist nicht einfach das Ende oder das Endziel des Lebens (im Sinne der »Rückkehr zum Unbelebten«), sondern vielmehr seine inhärente Negativität und seine innere Voraussetzung. Obwohl dieser Bruch, wie wir sehen werden, an sich noch nicht dem Todestrieb gleichkommt, beginnt sich doch gerade an dieser Stelle ein anderer (nämlich ein lacanianischer) Begriff des Todestriebes abzuzeichnen.

Für das Verständnis der Verschiebung vom Freud'schen zum Lacan'schen Begriff des Todestriebes ist folglich der (Freud'sche) Begriff der Sexualität (und seine Beziehung zum Unbewussten) entscheidend. Der *Missing Link* zwischen Freud – der darauf besteht, dass es letztlich nur Sexual*triebe* gibt bzw. dass Triebe per definitionem sexuell sind – und Lacan – für den »jeder Trieb virtuell Todestrieb« ist (Lacan 1966/1999b, 393) – liegt in dem Umstand, dass gerade inmitten der Sexualtriebe der Tod lauert. Und zwar nicht im Sinne eines Zieles oder als eine empirische Präsenz, sondern als eine negative Größe, eine Lücke oder ein Weniger, das ihnen innewohnt und das sie wiederholen. Versuchen wir daher nun, den Lacan'schen Begriff des Todestriebes auf der Grundlage von Freuds Text zu rekonstruieren.

Den Ausgangspunkt dafür bildet die *Wiederholung*, die nach Freud in den konservativen Trieben (d.h. den Selbsterhaltungstrieben) am Werk ist: Die Selbsterhaltungstriebe wiederholen übernommene und bestehende Wege des Lebens, bestehende Umwege auf seinem Weg zum Tod. Die Triebe wiederholen die Umwege zum Tod, wobei diese Umwege eben die Lebensphänomene darstellen, wie wir sie kennen.* Anstatt nun den Todestrieb als das

---

* Gerade in diesem Sinne wird Lacan die Triebe mit

grundlegende omnipräsente Streben nach der Rückkehr zum Unbelebten aufzufassen (im Sinne eines Magnetismus des Unbelebten), müssen wir seinen Ursprung in einer anderen (Art von) Wiederholung verorten, die innerhalb dieser »konservativen« Wiederholung auftritt; als *Wiederholung innerhalb der Wiederholung*, d.h. als Wiederholung einer (partiellen und gleichsam extracurricularen) Befriedigung, die innerhalb dieser konservativen Wiederholung akzidentell hervorgebracht wird. Dies entspricht im Großen und Ganzen Freuds Konzeption der Sexualität und der Sexualtriebe in den *Drei Abhandlungen zur Sexualtheorie*: als Überschussbefriedigung/-erregung, die im Zuge des Wirkens und der Befriedigung unterschiedlicher organischer Funktionen auftritt (wie etwa die berühmte »Mundlust«, die im Zuge der Befriedigung des

---

einem »Wissen im Realen« identifizieren, im Sinne eines »Wissens« von diesen Wegen.

Bedürfnisses nach Nahrung auftritt). Dieser Überschuss ist keine äußere, sondern eine innere Ursache von Spannung und andauerndem Druck; und paradoxerweise zielt der Trieb, der diesem Überschuss entstammt, nicht auf eine Verringerung oder Vernichtung der Spannung/Erregung ab, sondern im Gegenteil auf deren unablässige Wiederholung. Darüber hinaus entspricht diese akzidentelle »extracurriculare« Befriedigung in keiner Weise einer Besänftigung, da diese Befriedigung kein Bedürfnis befriedigt und daher keine »Beruhigung« der durch dieses Bedürfnis hervorgerufenen Spannung zur Folge hat. Hier ist eine ganz andere Dynamik am Werk, nämlich eine Befriedigung, die keinem vorhergehenden Bedürfnis antwortet. Die Antwort geht in diesem Fall der Frage voraus. Und anstatt eine Überschusserregung zu besänftigen, bringt die Befriedigung (und ihre Wiederholung) vielmehr weitere Erregung hervor, *generiert* sie gleichsam. Die Wiederholung dieser Überschussbefriedigung steht in diesem Sinne dem Lustprinzip entgegen (als dem Prinzip der Spannungsverringerung), aber nicht aufgrund irgendeines obskuren Willens zu sterben, sondern aufgrund eines zusätzlichen Triebes, der innerhalb des Lebens selbst, als ein unerwarteter Abkömmling desselben, auftritt.

Dieser Trieb kann stärker werden als das organische Bedürfnis und es beherrschen. Dies lässt sich zum Beispiel an Formen von Fresssucht beobachten: Die Überschussbefriedigung – der Überschuss über das organische Bedürfnis –, die im Zuge des Nahrungsverzehrs (der Mundlust usw.) erzeugt wird, dereguliert nicht nur den organischen Mechanismus, sondern verkehrt auch die Kausalität dieser Konfiguration. Während der Überschuss zunächst ein Nebenprodukt der Befriedigung des organischen Nahrungsbedürfnisses darstellt, wird nun die Befriedigung des organischen Nahrungsbedürfnisses zu einem Nebenprodukt der Wiederholung der Überschussbefriedigung.

Dies erklärt in der Tat einen Aspekt der Genese des Triebobjekts: Zunächst haben wir es mit einem Nahrungsobjekt zu tun, doch in der Folge geht es, mit Jacques-Alain Miller zu sprechen, um die *Befriedigung als Objekt* (vgl. Miller 1989).

Das ist jedoch noch nicht alles – und auch noch nicht der ganze Bruch. Es erklärt zwar die Genese der Überschussbefriedigung, aber nicht, *warum* diese Überschussbefriedigung eine solch »revolutionäre« Wirkung haben und zu einer völligen Umkehrung der Ordnung der Dinge führen kann (oder zumindest zu einer relativen Autonomie des Triebes im Verhältnis zu den organischen Funktionen). *Die Überschussbefriedigung an sich stellt noch keinen Trieb dar*. Es ist nicht auszuschließen, dass auch Tiere eine gewisse Überschussbefriedigung erfahren, wenn sie ihre Bedürfnisse befriedigen. Zudem wäre es zu simpel, etwa die Fresssucht bloß als ein unersättliches Streben nach einer Überschussbefriedigung zu deuten. Vielmehr müssen wir auch fragen, welches andere (symbolische) Verlangen dieses Streben überhaupt antreibt. Kurz: Warum kann die Überschussbefriedigung eine völlige Umkehrung der Ordnung der Dinge nach sich ziehen? Die Struktur des Triebes impliziert etwas anderes (und mehr) als diese Überschussbefriedigung: Sie dreht sich um eine Negativität, die den Trieb (bzw. seine Struktur) mit der *Urverdrängung* (und der Sexuierung) in Beziehung setzt; eine *integrierte Negativität* – integriert in der »positiven« ontologischen Seinsordnung. Damit die Überschussbefriedigung als Partialobjekt (oder als Triebobjekt) fungieren kann, muss diese Befriedigung zugleich auch als objektive Verkörperung (als Objektrepräsentanz) der Negativität bzw. der Lücke (des »Todes«) zu fungieren beginnen, die dem *signifizierenden* Seinsgebäude inhärent ist.

Dies meint Lacan, wenn er sagt, dass »jeder Trieb virtuell Todestrieb« ist (Lacan 1966/1999b, 393): Der Todestrieb ist nicht einfach ein Trieb unter den (Partial)Trieben, sondern verweist auf einen aktiven Bruch oder ein Verfallsmoment *innerhalb jedes Triebes*; er markiert das, was einen Trieb zum Trieb macht. Der Todestrieb bezeichnet die Negativität, um die die verschiedenen Partialtriebe kreisen und die sie – in diesem Sinne – gemein haben. Dieser Bruch ist den Trieben selbst inhärent; es handelt sich also nicht einfach um den Bruch der Triebe mit den organischen Funktionen. Auf der einen Seite gibt es die Triebe, die in allen möglichen partiellen Überschussbefriedigungen am Werk sind (man findet sie auf der bekannten Liste: Oraltrieb, Analtrieb, Schautrieb...). Aber auf der anderen Seite gibt es auch den Trieb als die reine zerstörerische, pulsierende Negativität, die den Trieben allererst ihren besonderen Rhythmus und ihre spezifische Schwingung gibt. Im *Seminar XI* beispielsweise betont Lacan die Differenz zwischen dem Objekt klein *a* als Markierung einer Negativität (eines Verlusts oder einer

Lücke) als solcher, um welche der Trieb kreist, und allen anderen Formen des Objekts klein *a*, die »nur Stellvertreter, Darsteller« sind (Lacan 1964, 207). Die Triebe zielen nicht nur darauf ab, die (Überschuss)Befriedigung zu wiederholen, sondern vielmehr darauf, diese Negativität oder *Unterbrechung* zu wiederholen, welche nur durch die Wiederholung der Überschussbefriedigung wiederholt werden kann. Gerade darin unterscheidet sich der Trieb von dem »reinen und einfachen Autoerotismus der erogenen Zonen« (Lacan 1964, 188).

Wir könnten also Jacques-Alain Millers These erweitern, nach der das Triebobjekt die »Befriedigung als Objekt« ist, indem wir präzisierend hinzufügen, dass die Befriedigung nur insofern zum *Objekt* wird (d.h. als Triebobjekt zu fungieren beginnt), als sie dieser Negativität Gestalt gibt, und nicht nur als Befriedigung um der Befriedigung willen. (Wir könnten auch sagen, dass die »Befriedigung um der Befriedigung willen« nur dann in Bewegung kommt, wenn sie ein »Weniger« beinhaltet bzw. um dieses »Weniger« kreist.) Mit anderen Worten: Wenn der Trieb (uns) dazu veranlasst, die Überschussbefriedigung zu wiederholen, dann nicht bloß deswegen, weil er genießen will.

Der Trieb »will« nicht (dass wir) genießen. Das Über-Ich will (dass wir) genießen. Das Über-Ich (und seine Kultur)* reduziert den Trieb auf die Frage der Befriedigung (Genießen), macht uns zu Geiseln seiner Schicksale und blockiert aktiv den Zugang zu der Negativität, die ihn antreibt. Mit anderen Worten: Die Befriedigung (um der Befriedigung willen) ist nicht – und das ist entscheidend – der Zweck des Triebes, sondern sein *Mittel.* Das zutiefst Verstörende am »Todestrieb« ist nicht, dass er nur genießen möchte, selbst wenn er uns dabei tötet, sondern vielmehr, dass er nur

---

* In *Das Ich und das Es* bestimmt Freud das Über-Ich bekanntlich als eine »Reinkultur des Todestriebes«, wobei ich den Begriff *Reinkultur* hervorheben möchte (Freud 1923, 283).

diese Negativität, diese Unterbrechung, die Lücke in der Seinsordnung wiederholen will, *selbst wenn das bedeutet, zu genießen.* Das Genießen (das Überschussgenießen oder die Überschussbefriedigung) ist das Mittel, während der »Zweck« (und der Ausgangspunkt des Triebes) die Wiederholung des Seinsmangels inmitten des Seins ist...

Ein weiterer wichtiger Punkt, der damit verbunden ist, betrifft das Verhältnis zwischen der Überschussbefriedigung (oder dem Genießen) und der Sexualität. Die Sexuierung selbst (die sexuelle Reproduktion und der Tod bzw. die Negativität, die damit einhergehen) ist noch nicht die Sexualität im eigentlichen Sinne; diese beinhaltet einen weiteren Schritt, in dem das »Weniger«, die Negativität in der Sexuierung und der sexuellen Reproduktion, eine positive Existenz in den Partialobjekten erlangt, die mit der Topologie des Triebes einhergehen. Diese Partialobjekte sind nicht einfach »Befriedigungen als Objekte«; sie fungieren zugleich als Figuren oder *Repräsentanzen* dieser Negativität. Nur durch diese Doppelbewegung gelangen wir *von der Sexuierung zur Sexualität* im eigentlichen Sinne (eine Sexualität sprechender Wesen).

Man könnte dies auch so formulieren: Alle Triebe sind sexuell, aber es gibt keinen Sexualtrieb (als ganzen; die Sexualität ist keine totalisierende Funktion, sie ist nicht das, was die Triebe totalisiert). Es gibt keinen »Sexualtrieb« als ganzen. Die Sexualität wird vielmehr durch Verbindungen von »Partialtrieben« vorangetrieben, die nur eines gemeinsam haben, nämlich gerade dieses »Weniger« oder diese Leere. Dies letztere vereint sie – »vereint« sie insofern, als es die Lücke darstellt, um die alle Partialtriebe kreisen, während sie auf ihre diversen Partialobjekte abzielen. Diese geteilte Lücke rechtfertigt es, die verschiedenen polymorphen Partialbefriedigungen *sexuell* zu nennen. Die Partialtriebe sind nicht bloß eine *neutrale* fragmentierte Vielheit (wo jeder Trieb um sein Partialobjekt kreisen würde), sondern sie sind von der ihnen gemeinsamen Negativität »befangen«; diese Negativität verleiht ihnen ihren Drall. Die Negativität ist damit »Teil« jedes Triebes, und sie ist in allen Trieben ein und dieselbe. Daher die doppelte Schleife des Triebes.

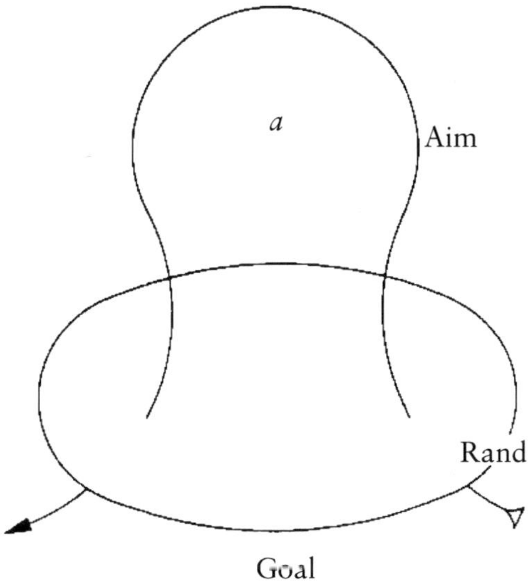

Lacans Zeichnung des Triebes aus dem *Seminar XI*

Wir können nun auf die Frage nach dem *Jenseits* des Lustprinzips zurückkommen. Freud hat den Zwang zur Wiederholung äußerst unangenehmer Erfahrungen folgendermaßen erklärt: Am Ursprung der Wiederholung finden wir die Verdrängung eines traumatischen Ereignisses – die Wiederholung tritt statt der Erinnerung auf; man wiederholt etwas, an das man sich nicht zu erinnern vermag. Wiederholung ist folglich grundsätzlich die (in verschiedenen »Tarnungen« auftretende) Wiederholung eines konkreten, ursprünglich traumatischen Ereignisses bzw. einer ursprünglich traumatischen Erfahrung. Obwohl Freud diesen Ansatz im Wesentlichen beibehalten wird, bemerkt er doch, dass diese Konzeption mehrere Probleme und Fragen offenlässt, auf welche er immer wieder zurückkommt. Beinahe alle interessanten und produktiven Freud-Lektüren zu diesem Thema zeigen auf, dass es notwendig ist, diese Konzeption zu verkomplizieren und die Wiederholung aus einem neuen

Blickwinkel zu betrachten. Trotz einiger bedeutender Unterschiede stimmen diese Lektüren in einem Punkt überein, den Ray Brassier jüngst in seinen Überlegungen zu Negativität und Nihilismus erneut deutlich gemacht hat: Der Wiederholungszwang wiederholt keine traumatische und daher verdrängte Erfahrung, sondern etwas, *das überhaupt nie als eine Erfahrung registriert werden konnte* (vgl. Brassier 2007, 236). Das Trauma, das wiederholt wird, liegt außerhalb des Horizonts der Erfahrung. Denn es ist konstitutiv für Erfahrung überhaupt. Dies ist der entscheidende Punkt: Das Trauma ist real, wird aber nicht erfahren. Damit verlagert sich die Debatte weg von dem üblichen Rahmen der Frage (bzw. Alternative) des Realen und des Imaginären (bzw. Phantasierten), d.h. weg von der Unterscheidung zwischen der materiellen Wirklichkeit und der psychischen Wirklichkeit (Phantasie) in Bezug zum Trauma.

Brassier stützt sich in seiner Lektüre auf jenen Teil von *Jenseits des Lustprinzips*, in dem Freud den Todestrieb in Bezug auf die »Rückkehr zum Unbelebten« verhandelt. Insofern Freud auch mit realistischem Gestus den Umstand betont, dass das Unbelebte bereits vor dem Lebendigem existiert hat, kann das Anorganische – als der »ursprüngliche Zustand« und das »Ziel« des Lebens – nicht einfach als eine interne Bedingung der Entwicklung des Lebens verstanden werden. Genauso wie die Wirklichkeit des Anorganischen nicht bloß eine Funktion der Existenz des Organischen darstellt, ist auch die Wirklichkeit des Todestriebes nicht nur eine Funktion der Vergangenheit oder der Zukunft des Lebens:

> Die Wiederholung, zu der der Tod antreibt, wiederholt diesen nicht, als wäre der Tod ein früherer Zustand des Lebens oder des Bewusstseins. Denn das Trauma, das die Wiederholung

antreibt, ist gerade das, was nicht gelebt oder bewusst erkannt werden kann. Obwohl das Trauma real ist, kann seine Realität weder vom Leben des Organismus ermessen noch mit den Ressourcen des Bewusstseins in Übereinstimmung gebracht werden. Das Trauma kann nur als eine Fehlfunktion des Organismus registriert werden bzw. als eine Unterbrechung des Bewusstseins – und was wiederholt wird, ist gerade diese Fehlfunktion und diese Unterbrechung. Der Zwang, den traumatischen Vorfall (erneut) zu erfahren, ergibt sich folglich daraus, dass der »ursprüngliche« traumatische Vorfall nur im Unbewussten registriert wurde, anstatt tatsächlich erfahren zu werden. Er kann jedoch nur als etwas (erneut) erfahren werden, das weder gelebt noch erfahren wurde, da das Trauma sowohl das Leben als auch die Erfahrung auslöscht. Dennoch verweist der Umstand, dass die Erfahrung sich nicht tilgen lässt, auf die Realität des Traumas, das nicht einfach als eine Funktion der Erfahrung begriffen werden kann. (Brassier 2007, 236, Übers. Wieder/Seitz)

Eine fundamentale »traumatische Erfahrung« ist gerade keine Erfahrung, sondern vielmehr etwas (eine Negativität oder »Narbe«), das gleichsam in die Bedingungen unserer Erfahrung eingebaut ist und die Bedingung dafür darstellt, dass wir fortan etwas als »traumatisch« (im üblichen Sinne) erfahren. Die Objektivität des Traumas, seine Unabhängigkeit von unserem »psychischen Leben«, ist gerade die Bedingung dafür, dass wir ein »psychisches Leben« haben (und etwas als »traumatisch« erfahren können). Diesen wesentlichen Aspekt gilt es etwa angesichts von Catherine Malabous Kritik an der Psychoanalyse ins Treffen zu führen (vgl. Malabou 2007). Malabous Kritik lautet, dass die Psychoanalyse das Trauma nicht als reales, sondern nur als (notwendigerweise) psychologisch vermitteltes fassen kann. Die einfachste Antwort darauf lautet: Wenn jegliches Trauma »psychologisch vermittelt« ist, dann deswegen, weil gerade diese *Vermittlung* »von außen kommt«, d.h. in Bezug zu einem von uns unabhängigen Realen steht. Die Vermittlung ist kein Filter, der uns vom Realen trennt, sondern hat selbst an diesem Realen Anteil und ist ihrerseits »traumatisch«. Anders gesagt: Die Vermittlung ist das Trauma (das Trauma als reales). Selbstverständlich gibt es Wunden, die nicht im psychologischen Sinne traumatisch sind, sondern einfach und unmittelbar unser Gehirn oder unseren Körper versehren; ob eine bestimmte Wunde aber auch im psychologischen Sinne »traumatisch« wird, hängt u.a. davon ab, inwiefern sie auf eine andere »Wunde« bezogen ist, die im strengen Sinne außerhalb unserer (physischen und sonstigen) Erfahrung liegt, da sie eine Bedingung der Erfahrung darstellt.

Um auf Brassier zurückzukommen: Er untermauert seine Lektüre, indem er auf eine Passage aus Freuds Text Bezug nimmt, in der Freud faszinierende Spekulationen über die Genese der organischen Individuation unternimmt, die auch mit unseren vorigen Überlegungen über das Belebte und das Unbelebte zu tun haben. Diesen Spekulationen Freuds zufolge wird ein primitives organisches Bläschen (eine kleine Blase, Zelle bzw. hohle Struktur) fähig, den andauernden und potentiell tödlichen Strom äußerer Reize zu filtern, indem es einen Teil von sich opfert, um einen Schutzschild gegen die exzessiven Einflüsse der Erregung aufzubauen. Damit produziert es eine definitive Trennung zwischen der organischen Innerlichkeit und der anorganischen Äußerlichkeit. Diese Trennung zwischen dem organischen Innen und dem anorganischen Außen wird auf Kosten des Todes eines Teils des primitiven Organismus selbst vollzogen. Bei Brassier heißt es dazu:

> Das individuierte organische Leben wird um den Preis dieses ursprünglichen Todes errungen, wodurch der Organismus allererst fähig wird, sich vom anorganischen Außen zu trennen. Dieser Tod in der Geburtsstunde der organischen Individuation macht somit die organische Phy-

> logenese wie auch die sexuelle Reproduktion möglich. Folglich geht dieser Tod nicht nur dem Organismus voraus, sondern stellt die Vorbedingung dafür dar, dass der Organismus sich reproduzieren und sterben kann. Wenn der Todestrieb als Wiederholungszwang die originäre, primordiale Triebkraft des organischen Lebens darstellt, dann deswegen, weil der Motor der Wiederholung – die Wiederholungsinstanz – die Spur jenes ursprünglichen Traumas der organischen Individuation ist. […] Der Todestrieb ist die Spur dieser Spaltung: eine Spaltung, die niemals erfolgreich *gebunden* (besetzt) sein wird, da sie den *unbindbaren* Überschuss darstellt, der die Bindung ermöglicht. (Brassier 2007, 237f., Übers. Wieder/Seitz)

Das ist ein zentraler Punkt. Denn er markiert ein drittes Element im Verhältnis zu der Unterscheidung von Leben und Tod (Organischem und Anorganischem, Belebtem und Unbelebtem) und »verortet« den Todestrieb darin. Einerseits ist der Tod das Gegenteil des Lebens; andererseits ist der Tod die Vorbedingung und

Voraussetzung dieses Gegensatzes selbst. Mit anderen Worten: Der Todestrieb ist aus den Fugen, sowohl in Bezug auf das Leben als auch in Bezug auf den Tod. Er ist kein obskurer Wille, zum Unbelebten zurückzukehren, sondern die Spur eines Traumas, das nicht als solches *erfahren* werden kann, insofern es jeder Erfahrung vorausgeht. Er ist ein primordialer Verlust (ein »Weniger«), das gerade nicht als Verlust wahrgenommen (erfahren) werden konnte – und in diesem Sinne hat das Trauma nichts »Psychologisches«. Bedenken wir, dass Freuds ursprüngliche »Ableitung« des Todestriebes auf eine ähnliche Konstellation verweist: Der Übergang vom Unbelebten zum Leben beinhaltet einen Verlust (des homöostatischen Zustands), wobei es jedoch nichts (niemanden) gibt, das diesen Verlust als Verlust *erfahren* könnte: Wenn das Leben lebendig wird, ist es bereits durch den Verlust des homöostatischen Zustandes (des Unbelebten) konstituiert; es durchlebt diesen Verlust niemals. Aus dieser Perspektive, die Freud nicht explizit ausführt, gibt es einen Verlust am Ursprung des Todestriebes, der niemals als Verlust erfahren werden konnte... Nur in diesem Sinne lässt sich sagen, dass »das Leben zum Unbelebten *zurückkehren* will«. Denn strenggenommen ist es nur das (unterbrochene) Unbelebte, das zum Unbelebten zurückkehren wollen kann (da schließlich nur das Unbelebte diesen Zustand kennengelernt hat). Das Leben jedoch kann nirgendwohin zurückkehren, außer gerade zu dem, was es niemals hatte und dennoch verloren hat. Das bedeutet: Das Leben kann nirgendwohin zurückkehren als zu dem, durch dessen (ihm eingeschriebenen) Mangel es lebendig wurde.

Wenn wir uns noch einmal einigen von Freuds Überlegungen in *Jenseits des Lustprinzips* zuwenden, können wir folgende abschließenden Feststellungen treffen. Es ist – so paradox dies klingen mag – gerade der Todestrieb, der das grundlegende Ziel des Lebens – die

Rückkehr zum Unbelebten – aufzuschieben vermag. Der Todestrieb eröffnet den Raum (die Bühne) für Taten, die über das Gewöhnliche, über unser alltägliches Geschäft hinausgehen. Wir haben gesehen, dass Freud die Selbsterhaltungstriebe als Partialtriebe beschreibt, die »*dazu bestimmt* [*sind*], *den eigenen Todesweg des Organismus zu sichern* und andere Möglichkeiten der Rückkehr zum Anorganischen als die immanenten fernzuhalten« (Freud 1920, 41). Wir können nun festhalten, dass der Todestrieb unserem Verständnis nach *andere* Wege der Rückkehr zur anorganischen Existenz errichtet (und erhält) als jene, die dem Organismus inhärent sind. Der Organismus stirbt; aber zu sagen, dass es gewisse Dinge (Schöpfungen) gibt, die ihn überleben, ist mehr als eine ideologische oder religiöse Phrase. Und gerade an dieser Stelle muss man den Todestrieb verorten und dezidiert die Vorstellung einer Dualität der Triebe verabschieden: Es gibt nur den Todestrieb. Er kann jedoch nicht im Sinne der Destruktionsneigungen beschrieben werden, die (uns) zum Unbelebten zurückführen wollen, sondern gerade als etwas, das *alternative Wege zum Tod* (d.h. andere als die, die dem Organismus selbst inhärent sind) bereitstellt und somit im Leben einen Unterschied macht. Wir könnten sagen: Der Todestrieb ist das, was es uns ermöglicht, *anders zu sterben*. Und vielleicht geht es am Ende gerade darum; vielleicht ist das der Ausbruch aus der Lebensmüdigkeit: nicht die Fähigkeit, ewig zu leben, sondern die Fähigkeit, anders zu sterben. So könnten wir auch das berühmte Diktum Becketts aufgreifen und als Motto für den Todestrieb umformulieren: *Wieder sterben. Besser sterben!*

LITERATURVERZEICHNIS

Brassier, Ray (2007): *Nihil Unbound*. New York: Palgrave Macmillan.

Freud, Sigmund (1905): *Drei Abhandlungen zur Sexualtheorie*. Gesammelte Werke Bd. 5. London: Imago 1998, 29–159.

Freud, Sigmund (1920): *Jenseits des Lustprinzips*. Gesammelte Werke Bd. 13. London: Imago 1998, 3–69.

Freud, Sigmund (1923): *Das Ich und das Es*. Gesammelte Werke Bd. 13. London: Imago 1998, 237–289.

Lacan, Jacques (1964): *Das Seminar von Jacques Lacan, Buch XI. Die vier Grundbegriffe der Psychoanalyse*. Olten/Freiburg im Breisgau: Walter 1978.

Lacan, Jacques (1966/1999a): *Schriften, Band 1*. Aus dem Französ. von Hans-Dieter Gondek. Wien/Berlin: Turia + Kant 2016.

Lacan, Jacques (1966/1999b): *Schriften, Band 2*. Aus dem Französ. von Hans-Dieter Gondek. Wien/Berlin: Turia + Kant 2015.

Malabou, Catherine (2007): *Les nouveaux blessés*. Paris: Bayard.

Miller, Jacques-Alain (1989): »Über Perversion«, in: *Klinische Strukturen*. Schwerpunkt der Zeitschrift *Riss. Zeitschrift für Psychoanalyse. Freud. Lacan.* 65 (21), H. 1/2007, 37–55.

Žižek, Slavoj (2004): *Körperlose Organe. Bausteine für eine Begegnung zwischen Deleuze und Lacan.* Aus dem Engl. von Nikolaus G. Schneider. Frankfurt/M.: Suhrkamp 2005.